MW01703591

La tormenta

Ashley Davis

Traducción al español: María Cristina Brusca

LECTURAS DEL BARRIO

Rosen Classroom Books & Materials™

New York

Bob y Alex estaban jugando afuera.
—Viene una tormenta
—dijo mamá.
—¿Cómo lo sabes? —preguntó Alex.
—Las nubes se están poniendo
oscuras —dijo mamá.

—Es hora de entrar en la casa.
—dijo mamá—.
La tormenta viene para acá.
—Yo puedo oír los truenos
—dijo Alex.
—Yo siento las gotas de lluvia
—dijo Bob.

—Podemos mirar la tormenta desde mi ventana —dijo Alex.
Alex y Bob vieron rayos en el cielo.
Oyeron truenos.
También vieron mucha lluvia.

Mamá fue a ver a los niños.
Todos miraron la tormenta.
—¡Miren los rayos! —dijo Bob.
—Me gusta ver los rayos —dijo Alex—, pero no me gustan los truenos.

—¿Cuándo llegará Papá a casa?
—preguntó Alex.
—Ya está en camino —dijo mamá.
—Espero que llegue pronto
—dijo Bob.
—¡Aquí llega papá! —dijo mamá.

Papá llegó a la puerta.
Estaba todo mojado.
—Estamos contentos de que estés en casa, papá —dijo Alex.
—Está lloviendo mucho —dijo papá.
Papá fue a ponerse ropa seca.

Por fin, paró de llover.
—¡Salió el sol otra vez! —dijo Alex.
—¡Miren! ¡Hay un arco íris!
—dijo Bob—. ¡Miren todos los colores!

—Voy a tomar una foto del arco íris
—dijo Alex.
—Las tormentas no son tan malas,
después de todo —dijo Bob.